LES
GRANDES PUISSANCES MÉTALLIQUES

PAR

Henri CERNUSCHI

PARIS

LIBRAIRIE GUILLAUMIN

14, RUE RICHELIEU, 14

—

1885

LES

GRANDES PUISSANCES MÉTALLIQUES

PAR

Henri CERNUSCHI

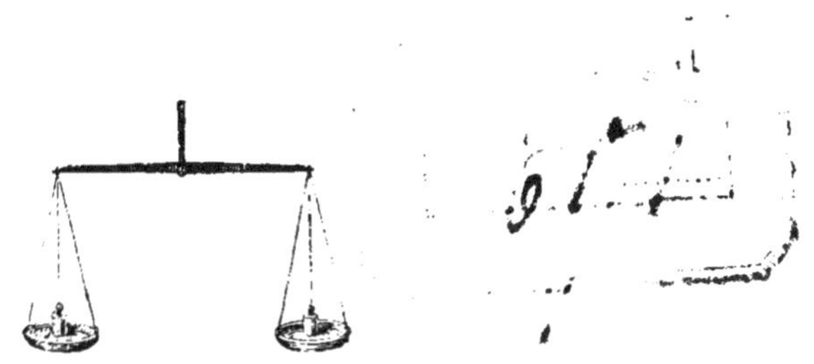

PARIS

LIBRAIRIE GUILLAUMIN

14, RUE RICHELIEU, 14

—

1885

TABLE

LES
GRANDES PUISSANCES MÉTALLIQUES

I

LIBRE MONNAYAGE

Le monnayage est appelé libre si toute personne a le droit d'apporter toute quantité de métal à l'Hôtel des Monnaies et de la reprendre taillée en espèces.

Dans l'Inde et au Mexique, l'argent seul a droit au monnayage. L'or n'est que marchandise qui s'achète et vend. C'est le monométallisme-argent.

En Chine, l'argent n'est pas monnayé. Mais il a droit monétaire : il circule au poids en lingots (sycees) et en fragments de lingot. L'or n'est que marchandise qui s'achète et vend. C'est encore le monométallisme-argent.

En Angleterre, l'or seul a droit au monnayage. L'argent n'est que marchandise qui s'achète et vend. C'est le monométallisme-or.

En France, en Allemagne, aux États-Unis, l'or seul a droit au monnayage. L'argent s'achète et vend. Mais il existe dans chacun de ces trois pays une masse énorme de pièces d'argent dont le cours forcé n'est pas limité comme celui de la monnaie divisionnaire à une petite somme, mais illimité comme celui de l'or. C'est le monométallisme bossu. Les écus sont la bosse française, les thalers la bosse allemande, les dollars d'argent la bosse américaine.

Le bimétallisme, c'était le monnayage simultanément libre des deux métaux. Ni l'or, ni l'argent n'étaient marchandise. On ne les achetait ni vendait. Le bimétallisme n'est plus en vigueur dans aucun État.

II

L'ÉPREUVE DU FEU

C'est à l'épreuve du feu qu'on peut juger la monnaie : les pièces qui refondues conservent entière la valeur pour laquelle elles avaient cours forcé avant d'être refondues sont sincères. Celles qui ne la conservent pas ne sont pas sincères.

Les pièces d'or européennes et américaines et les pièces d'argent indiennes et mexicaines subissent victorieusement l'épreuve du feu. Elles sont sincères. Les pièces d'argent des trois bosses : écus, thalers et dollars, perdent leur valeur si on les refond. L'épreuve du feu les condamne, elles ne sont pas sincères.

D'où vient cette différence ? Elle vient de ce que le monnayage de l'or est libre en Europe et en Amérique, de ce que le monnayage de l'argent est libre dans l'Inde et au Mexique, de ce que le monnayage de l'argent n'est libre ni en France ni en Allemagne ni aux États-Unis.

Là où le monnayage du métal est libre, c'est le métal lui-même qui est monnaie. Là où il n'est pas libre, ce n'est pas le métal qui est monnaie, c'est seulement la quantité qui en a été frappée.

Là où le métal est lui-même monnaie, tout kilogramme de métal a droit au monnayage et vaut donc autant que tout kilogramme de métal déjà monnayé. Le lingot n'augmente pas de valeur en passant au balancier, les pièces de monnaie n'en perdent point en retournant au creuset.

Là où le monnayage du métal n'est pas libre, tout le métal non monnayé reste sur le marché, il est à vendre; tandis que ce qui en a été monnayé n'est plus sur le marché, et sert à acheter. Oui, il sert à acheter parce qu'il a cours forcé, mais il n'est pas à l'épreuve du feu. C'est de la monnaie non sincère.

Il est de soi que le sycee chinois est monnaie sincère.

III

L'INTERNATIONALITÉ

La limite d'émission de la monnaie non sincère est fixée par la loi écrite. La limite d'émission de la monnaie sincère est un fait de nature. Avec la liberté de monnayage, la masse monétaire se compose de la totalité du métal existant. Nul législateur ne peut en changer le volume.

La stabilité de son volume étant ainsi garantie, par la nature elle-même, contre l'arbitraire des Gouvernements, la masse de l'argent et de l'or peut servir de matériel monétaire international. Mais il faut pour cela qu'il y ait concordance de législation en ce qui concerne le métal.

C'est en vertu de cette concordance que l'or est monnaie internationale entre la France, l'Angleterre, l'Allemagne et les États-Unis, et que l'argent est monnaie internationale entre l'Inde, la Chine et le Mexique.

Francs d'or, livres sterling, couronnes, dollars d'or, c'est le même métal ; avec l'une quelconque de ces quatre monnaies on peut frapper les trois autres.

Roupies, sycees, piastres mexicaines, c'est le même métal. Avec l'une quelconque de ces trois monnaies on peut faire les deux autres.

Le monométallisme-or de l'Angleterre est pur. Point de bosse. Mais si tous les autres États étaient monométalliques-argent, l'Angleterre, tout en regorgeant d'or, manquerait de monnaie internationale. Elle se sentirait isolée. Elle ne tarderait pas à changer de monométallisme.

La monnaie non sincère est inexportable. Point d'internationalité ni pour les écus, ni pour les thalers, ni pour les dollars d'argent.

Pour que les deux métaux soient simultanément monnaie internationale, il faut qu'il y ait uniformité de législation en ce qui concerne la proportion de valeur entre l'or et l'argent.

Jusqu'à 1834 la loi américaine avait été bimétallique à la proportion de 15 grains d'argent pour un grain d'or. En 1834 les États-Unis adoptèrent la proportion 16. Mais, comme la France continuait à recevoir l'argent et à le monnayer à la proportion de 15 et 1/2, personne ne faisait frapper d'argent à 16. Il y avait profit à l'exporter en Europe à 15 et 1/2, et on l'exportait. En réalité l'or seul était monnaie internationale entre les États-Unis et la France. Tout en ayant une législation bimétallique, les États-Unis étaient, de fait, monométalliques-or. Aussi a-t-il fallu que le monnayage de l'argent à 15 et 1/2 ne fût plus libre en France pour que les États-Unis pussent reprendre la frappe de leur ancien dollar d'argent, qui pèse 16 dollars d'or. Le Silver act du 28 Février 1878 n'aurait induit personne à faire monnayer des dollars si la frappe de 15 et 1/2 avait encore été libre en France.

Entre la France, l'Italie, la Belgique et l'Espagne, l'or et l'argent ont été simultanément monnaie internationale, tant que dans chacun de ces quatre pays le monnayage des deux métaux est resté libre à la même proportion de valeur (15 1/2).

IV

LE MONOMÉTALLISME EN ANGLETERRE

En 1815, lors de la paix générale, il existait en Angleterre beaucoup de papier-monnaie, une certaine quantité d'or et point de monnaie de paiement en argent. C'est à peu près ce que fut plus tard la composition du stock monétaire des États-Unis après la guerre de sécession. En 1816, l'Angleterre résolut de reprendre petit à petit les paiements en espèces, mais en espèces d'or seulement. D'argent, il n'y aurait que la monnaie d'appoint. On instituait ainsi le monométallisme-or.

N'avoir à monnayer que de l'or, sans avoir une circulation d'argent à retirer et à vendre en lingots; l'opération pouvait être facilement réalisée et sans pertes. Elle le fut au bout de quelques années.

V

LE MONOMÉTALLISME EN ALLEMAGNE

Ce fut autre chose pour l'Allemagne quand elle rendit la loi du 4 Décembre 1871 à l'effet de substituer le monométallisme-or à son ancien monométallisme-argent. Il fallait démonétiser les florins et les thalers, les exporter en lingots et les échanger contre de l'or. Pour effectuer cet échange. l'Allemagne avait compté sur le grand pays bimétallique, la France. Expédier les lingots d'argent en France, les y faire frapper en pièces de 5 francs, puis, avec ces pièces, trouver de l'or, soit en les échangeant contre des pièces de 20 francs, soit en achetant des traites sur Londres : tel fut le plan, et. dès 1872, on se mit à l'exécuter.

VI

LE BIMÉTALLISME EN FRANCE

Il y avait alors près d'un siècle que l'once d'or n'avait jamais valu, nulle part dans le monde, ni plus ni moins que 15 et 1/2 onces d'argent. Pourquoi? Parce que, depuis près d'un siècle, dans le pays le plus approvisionné d'argent et d'or. c'est-à-dire en France, le monnayage des deux métaux avait été libre, et libre à la proportion légale de 15 et 1/2 à un. entre le poids de l'unité monétaire en argent et le poids de la même unité en or. Antérieurement, le bimétallisme français avait été à 15. C'est en 1785 que, pour se mettre en harmonie avec d'autres pays, la France passa du 15 au 15 et 1/2.

Chacun étant maître de faire monnayer les deux métaux en France à la proportion de 15 et 1 2, c'est-à-dire de faire transformer le kilogramme d'argent à 9 dixièmes de fin en 40 écus (200 francs) et le kilogramme d'or de même finesse en 155 pièces de 20 francs (3,100 francs), nul producteur, nul porteur d'argent ou d'or, ni en Europe, ni en Amérique, ni en Asie, ne s'était jamais avisé de céder ni le kilogramme d'argent ni le kilogramme d'or pour une somme moindre, que ce fût en francs, ou que ce fût en dollars, en livres sterling, en thalers, en piastres mexicaines, en roupies.

Grâce au bimétallisme français, il existait une parité de valeur entre un poids déterminé d'or et un plus grand poids déterminé d'argent: le matériel monétaire du monde se trouvait unifié, si unifié que les négociants d'Angleterre et les négociants de l'Inde ne s'apercevaient même pas que leurs monnaies respectives étaient de métaux différents.

VII

LE MONOMÉTALLISME BOSSU EN FRANCE

Ni les guerres, ni les crises commerciales, ni la production plus abondante tantôt de l'argent et tantôt de l'or, aucun fait naturel n'avait jamais pu troubler la bienfaisante domination du 15 et 1/2 français ni dans l'un ni dans l'autre hémisphère.

Pour que cette domination vînt à cesser, il fallait que l'ancienne loi bimétallique fût transgressée et abandonnée en France même. Elle le fut, mais par un cas de force majeure sans précédent dans l'histoire. Une grande nation monométallique-argent, l'Allemagne, avait entrepris de démonétiser et d'exporter toute sa monnaie. L'exporter où? Principalement en France, pays toujours ouvert aux grands monnayages. La France, qui s'était laissé inonder sans sourciller par l'or californien et australien, n'a pas voulu se laisser inonder par l'argent allemand. Pourquoi? Parce que l'Allemagne opérait doublement: elle importait l'argent et du même coup elle exportait l'or.

Afin de mettre obstacle à cette double opération, la France fit dès 1873 ralentir le monnayage de l'argent, le limita en 1874 et le prohiba absolument en 1879.

La France s'est ainsi mise au régime du monométallisme bossu et elle y restera tant que le bimétallisme international ne sera pas établi, ou tant que les écus ne seront pas démonétisés. La bosse est gigantesque : 500 millions d'écus. Heureusement que la France possède encore plus de francs d'or que de francs d'argent. Sans cela, les francs d'or seraient à prime depuis longtemps.

VIII

LE MONOMÉTALLISME BOSSU EN ALLEMAGNE

Entravé, limité le monnayage des francs d'argent, et toujours libre le monnayage des francs d'or, la valeur relative entre les deux métaux ne pouvait se maintenir à 15 et 1/2. L'argent baissa immédiatement et la baisse devint effrayante lorsque le monnayage des francs d'argent fut complètement arrêté.

Cette baisse causait de grandes pertes au Trésor allemand. Il démonétisait en donnant un kilogramme d'or contre 15 et 1/2 kilogrammes d'argent et il ne pouvait obtenir à Londres un kilogramme d'or qu'en livrant 18, 20 kilogrammes d'argent.

Pour en finir avec les pertes, il fallait

en finir avec les ventes. C'est ce qu'on fit. Plus de démonétisation. Et les anciens thalers ont toujours cours forcé sans limite de somme au rapport non sincère de 15 et 1/2 avec la valeur de l'or. L'Allemagne est comme la France au régime du monométallisme bossu.

IX

LE MONOMÉTALLISME BOSSU AUX ÉTATS-UNIS

C'est la cessation du libre monnayage des écus qui fit apparaître la bosse française.

C'est la cessation de la démonétisation des thalers qui fit apparaître la bosse allemande.

C'est la reprise du monnayage des dollars d'argent qui fit apparaître la bosse américaine.

Le Silver act du 28 Février 1878 qui a ordonné cette reprise établit d'abord que les dollars d'argent auront cours légal à leur valeur nominale, puis il continue ainsi :

« Le Secrétaire du Trésor achètera, de
« temps à autre et au prix du marché, de

« l'argent en lingots jusqu'à concurrence
« de deux millions de dollars au moins à
« chaque mois, et de quatre au plus, et
« de l'argent ainsi acheté mensuellement
« il fera fabriquer des dollars... Tout
« gain ou seigneurage résultant de ce
« monnayage sera compté et versé au
« Trésor comme il est établi par les lois
« en vigueur relatives au monnayage de
« la monnaie divisionnaire. »

Commencés en Mars 1878, les achats
de l'argent en lingots se continuèrent sans
interruption à raison de 2 millions par
mois. Fin Décembre prochain, la dépense
totale aura atteint le chiffre de 188 millions et on aura fabriqué 215 millions de
dollars environ. Lourde bosse.

La bosse française est encore plus
lourde. Mais la France est loin de s'en
complaire. Elle ne peut pas s'en débar-
rasser, mais elle voudrait ne pas en être
grevée et se garde bien de l'augmenter.

La bosse française est restée stationnaire
à partir de 1879. La bosse américaine ira
toujours en croissant aussi longtemps que
le Silver act, qui lui a donné naissance,
restera en vigueur.

X

LE LIBRE MONNAYAGE DES DOLLARS D'ARGENT

Partout, en Europe comme en Amérique, on est dans l'attente. Que vont faire les États-Unis? Vont-ils maintenir, vont-ils révoquer le Silver act de 1878 ou vont-ils autoriser le libre monnayage de l'argent?

Il est positif que, si le Congrès des États-Unis autorisait le libre monnayage de l'argent, tous les dollars déjà frappés par le Trésor deviendraient instantanément monnaie sincère et que les dollars que le public ferait ensuite frapper le seraient aussi. Ils seraient tous à l'épreuve du feu, comme les roupies et les piastres mexicaines. Mais qu'arriverait-il? Les États-Unis perdraient la totalité de leur or, et, tout en ayant une loi bimétallique, ils aboutiraient à ne plus avoir que monnaie d'argent, comme l'Inde et le Mexique.

Voici comment :

Dès que la frappe de l'argent serait libre, l'Europe se conduirait envers les États-Unis comme l'Allemagne se conduisit envers la France tant que la France monnaya de l'argent. L'Europe démonétiserait de grandes masses d'argent et les enverrait à Philadelphie pour en faire fabriquer des dollars, et avec ces dollars elle se procurerait des dollars d'or qu'elle se ferait expédier. Il est vrai que la proportion de poids entre le dollar d'or et le dollar d'argent n'est pas à 15 et 1/2, mais à 16, et qu'à démonétiser son argent pour le faire monnayer en dollars, l'Europe perdrait la différence, c'est-à-dire 3 %. Elle perdrait même davantage, car le dollar d'or ne manquerait pas de faire prime sur le dollar d'argent. Mais ces pertes ne seraient rien en comparaison de celles que l'Europe encourrait si, pour alléger son fardeau, elle était obligée de vendre à Londres, à destination de l'Asie, l'argent qu'elle retirerait de sa circulation. Nul doute que, si les États-Unis ouvrent leurs Hôtels de monnaie à la libre frappe de l'argent, tous les Gouvernements européens ne s'empressent d'en profiter.

Pourquoi le monnayage de l'argent n'est pas libre en France? Parce que si le monnayage était libre, tout l'or émigrerait et que, privée d'or, la France n'aurait plus de médium monétaire ni avec l'Angleterre, ni avec l'Allemagne, ni avec les États-Unis.

La France ne reprendra donc le monnayage de l'argent que s'il est en même temps repris : 1° par les États-Unis et 2° par l'Angleterre ou par l'Allemagne.

Bien audacieux seraient ceux qui recommanderaient aux États-Unis d'Amérique d'entreprendre tout seuls ce que la France ne veut reprendre qu'à trois.

XI

LE GONFLEMENT COUTEUX ET LE NON COUTEUX

La masse de tout l'or qui est au monde tiendrait dans une écurie de douze chevaux. Dans un local quarante fois plus ample tiendrait la masse de tout l'argent.

Si l'argent n'existait pas, on serait partout au régime du monométallisme-or. Masse exiguë. Pièces de monnaie si petites et si minces qu'on devrait, pour les faire circuler, se servir du procédé représentatif : les certificats de métal déposé. Si l'or n'existait pas, on serait partout au régime du monométallisme-argent. Masse très convenable. On s'en accommoderait parfaitement, sans cependant renoncer à l'emploi des certificats de dépôt.

La législation monétaire des autres pays est telle que ni la France ni les États-Unis ne peuvent se laisser aller au monométallisme-argent. Mais en lui-même ce régime n'a rien d'antiscientifique. Ce que la science réprouve absolument, c'est le monométallisme bossu, surtout celui des États-Unis, qui est à bosse toujours croissante.

Des deux répondants que la monnaie doit avoir (le législateur qui donne le cours forcé, la nature qui gouverne l'émission) les dollars d'argent n'en ont qu'un : le législateur.

La loi du cours forcé empêche qu'aucune monnaie ne tombe au-dessous du pair nominal. Les roubles-papier sont au pair, les greenbacks ont toujours été au pair. Les dollars d'argent seront toujours au pair. Oui, mais les dollars d'or peuvent dépasser le pair, faire prime, et contre cette prime, les porteurs de dollars d'argent ne pourront pas plus se défendre que ne le pouvaient les porteurs de greenbacks.

Qu'ils soient en argent ou qu'ils soient en papier, les dollars non sincères n'en sont ni meilleurs ni pires. Les uns ne sont pas plus que les autres à l'épreuve du feu.

On dit bien que le dollar d'argent contient et contiendrait une valeur de 85, de 80, de 75, de 70 cents, etc., suivant que la matière argent monte ou baisse sur le marché, et suivant qu'on en refondrait en lingots à vendre, plus ou moins de millions. La vérité est que jamais, jamais nul ne s'avisera de refondre un seul dollar d'argent afin d'en utiliser la matière pour les arts et l'industrie ou pour l'exportation, de même que jamais nul ne s'est avisé de se servir de papier-monnaie pour fabriquer du carton.

N'ayant dépensé que 188 millions de dollars pour fabriquer 215 millions de dollars non sincères, peut-on dire que le Trésor a gagné la différence, 27 millions? Non, il faut dire que le Trésor a dilapidé 188 millions. Si pour fabriquer les 215 millions il n'avait point acheté de métal, s'il avait acheté du papier, il aurait épargné 188 millions, réduit d'autant le montant des impôts à la grande satisfaction des contribuables, et la situation monétaire actuelle n'en serait pas différente. Elle comprendrait la même quantité de monnaie sincère en or, la même quantité de monnaie fiduciaire remboursable à vue en monnaie sincère (en or) et la même quantité de monnaie non sincère.

Si les États-Unis estiment que leur stock monétaire est insuffisant, s'ils croient que ce stock ne s'augmente pas assez rapidement par l'or nouveau que leur sol ne cesse de produire, s'ils sont persuadés

qu'il est nécessaire ou seulement utile
de gonfler encore davantage leur circulation, eh bien ! gonflement pour gonflement, le gonflement coûteux du Silver act
doit céder le pas au gonflement du papier-
monnaie, qui ne coûte rien.

XII

UN DOLLAR PLUS LOURD

Pourquoi le dollar du Silver act pèse 412 1/2 grains? Parce qu'on a voulu faire revivre l'ancien dollar, dont le monnayage avait été rendu impossible en 1834. Mais le Silver act aurait pu sans inconvénient ordonner que le dollar serait de moindre poids. Quand le monnayage n'est pas libre, le poids qu'on donne à la pièce de monnaie n'a pas plus d'importance que la dimension qu'on donne au papier-monnaie. Le dollar à 300, à 200, à 100 grains ne serait pas plus mauvais que le dollar à 112 1/2.

Mais *quid* du dollar à 500 grains? Ne serait-il pas meilleur? Non, car il ne serait pas à l'épreuve du feu, et par conséquent ne serait pas exportable. On ne vend pas le coton plus cher en augmentant le volume des balles, ni le sucre en fabriquant des pains plus lourds que d'habitude. Ces marchandises se vendent au poids. Il en est de même pour l'argent. Que les possesseurs d'argent dans les États-Unis envoient en Europe des dollars à 412.50 grains ou à 500, ou simplement des lingots, cela ne changera rien, l'argent sera toujours acheté au poids et envoyé, comme à présent, pour la plus grande partie en Asie. On ne procède pas autrement avec les piastres mexicaines. Elles sont toujours vendues au poids.

Pas une once d'argent américain n'entrera dans la circulation européenne, tant que l'Europe n'aura repris le libre monnayage de l'argent.

Si le Silver act avait fixé le poids du dollar à 500 grains au lieu de 112 1/2, le Trésor n'aurait pas acheté une plus grande quantité d'argent lingot, mais il aurait fabriqué une moins grande quantité de dollars, et chaque dollar lui aurait coûté plus cher, sans aucun avantage pour le public. La situation de l'argent n'en serait pas meilleure.

XIII

LE DOLLAR BON MARCHÉ (CHEAP-DOLLAR)

Quand le taux de l'escompte ou de l'intérêt auquel se négocient les lettres de change ou les prêts est sensiblement bas, on dit que l'argent est bon marché (cheap money). Et on comprend.

Mais que signifie cheap dollar?

Le monnayage de l'or est libre, et 23.22 grains d'or pur sont un dollar. Autant de fois le mineur extrait de la mine 23.22 grains d'or pur, c'est autant de dollars. L'émetteur des dollars, c'est le mineur lui-même. A lui tous les profits, et à lui toutes les pertes.

Si, dans l'espace d'un mois, par exemple, il a extrait une somme de dollars plus grande que la somme de dollars qu'il a dépensée à l'extraction, alors, à la clôture du mois, il a en main plus de dollars qu'auparavant, et, par conséquent, chacun de ces dollars qu'il a en main lui revient moins d'un dollar. Dollars bon marché. Mais bon marché pour lui. non pour le public. Si. dans l'espace d'un autre mois, il a extrait une somme de dollars moindre que celle qu'il a dépensée à l'extraction, alors, à la clôture du mois. il a en main moins de dollars qu'auparavant, et par conséquent chacun de ces dollars qu'il a en main lui revient plus d'un dollar. Dollars chers. Mais chers pour lui, non pour le public.

Le monnayage de l'argent n'est pas libre. Ici. l'émetteur des dollars ce n'est pas le mineur, c'est l'État. Plus est bas le prix auquel le Trésor achète l'argent et meilleur marché lui reviennent les dollars qu'il fait fabriquer. Dollars bon marché. Mais bon marché pour lui, non pour le public.

Aucune main américaine n'a encore éprouvé la sensation du bon marché ni en recevant, ni en déboursant les dollars du Silver act.

Les propriétaires de mines de nickel de la Nouvelle-Calédonie font, depuis long-temps, des pieds et des mains pour que l'État français se mette à fabriquer des francs en nickel et sur une vaste échelle. Les fournisseurs sont partout les mêmes, ils aiment les grandes fournitures.

Pour le public, les francs de nickel ne seraient pas meilleur marché que les francs d'or.

XIV

LE DEBOUCHÉ DE L'ARGENT

Les mines d'argent ne produisent pas
des aigles, des demi-aigles, des dollars,
comme les mines d'or, mais elles produisent des roupies et des seycees qui ont
respectivement cours forcé illimité dans
l'Inde et en Chine. Ce grand privilège du
cours forcé que le législateur accorde à
l'or en Occident et à l'argent en Orient
n'est accordé nulle part, ni au nickel, ni
au cuivre.

De même que les Hôtels des monnaies
d'Europe et des États-Unis sont toujours
ouverts aux producteurs d'or, de même la
circulation chinoise est toujours ouverte

et les Hôtels des monnaies de l'Inde sont toujours ouverts aux producteurs d'argent. Les compagnies minières devraient être contentes.

CONCLUSION

Tant que le traité bimétallique proposé en 1881 par les États-Unis et par la France n'aura pas été accepté ou par l'Angleterre ou par l'Allemagne, aucun écu ne doit être frappé en France, aucun dollar d'argent ne doit être frappé aux États-Unis. En aucune forme, sous aucun prétexte, la circulation du métal argent ne doit être augmentée ni en France, ni aux États-Unis.

Octobre 1885.

1325 — Paris. — Imp. V⁰ Éthiou Pérou et Fils, rue de Damiette, 2 et 4

DE L'AUTEUR :

La Monnaie bimétallique. 1875.

M. Michel Chevallier et le Bimétallisme. 1876.

Silver vindicated. Londres, 1876.

Nomisma or legal tender. New-York. 1877.

Le Maniement de la Dette publique et le 3 °/₀ amortissable, 1878.

Le Bland Bill. 1878.

Le Bimétallisme en Angleterre, 1879.

Le Bimétallisme à 15 1/2. 1881.

The Monetary Conference. Londres. 1881.

Le Grand Procès de l'Union Latine, 1884.

Les Assignats métalliques. 1885.

Le Monométallisme bossu. 1885.

La Danse des Assignats métalliques, 1885.

1325 — Paris. — Imp. Vᵉ Éthiou Péron et Fils, rue de Damiette, 2 et 4.